NOTICE HISTORIQUE

SUR LA

FAMILLE PRASLIN.

NOTICE HISTORIQUE

SUR

LA FAMILLE PRASLIN,

esquisse sommaire des faits qui se rattachent à l'affreux attentat

qui a terminé les jours de la duchesse.

PARIS,

A LA LIBRAIRIE POPULAIRE
DES VILLES ET DES CAMPAGNES,
Rue des Maçons-Sorbonne, 17.

—

1847.

Imprimerie de Cosson, rue du Four-Saint-Germain, 47.

NOTICE HISTORIQUE

SUR

LA FAMILLE PRASLIN,

esquisse sommaire des faits qui se rattachent à l'affreux attentat
qui a terminé les jours de la duchesse.

———

La maison de Choiseul est une des plus il-
lustres de la monarchie française ; d'après le
président Hénault, les Choiseul descendent
des comtes de Langres, branche de la maison
souveraine de Champagne, de Reynard III,
sire de Choiseul, qui épousa, en 1182, Alix de
Dreux, petite-fille du roi Louis-le-Gros.
Depuis, la famille des Choiseul a donné des
maréchaux de France, des premiers ministres,
des lieutenants-généraux, des ambassadeurs,
des savants, des gens de lettres, etc. Le duc
de Praslin était allié à tous les plus grands
noms.

M. le duc de Praslin était le chef de la troi-
sième branche ducale de la maison de Choiseul,
la seule qui reste, le dernier duc de Choiseul,
de la deuxième branche, mort gouverneur du
Louvre, n'ayant point laissé d'enfants mâles.

Le duc de Praslin, né en 1804, épousa en 1825 Fanny, fille d'Horace Sébastiani, aujourd'hui maréchal de France, et d'Antoinette-Françoise-Jeanne de Coigny, morte jeune, cousine de la *jeune captive* qu'ont immortalisée les vers d'André Chénier.

De ce mariage sont nés neuf enfants, dont six filles et trois garçons ; le sixième de ces enfants, qui est un garçon, s'appelle Gaston-Louis-Philippe de Praslin.

Le duc de Praslin était petit-fils du duc de Praslin, membre des états-généraux, qui se rallia à la minorité de la noblesse et embrassa avec modération la cause des réformes, et fils du duc de Praslin, chambellan de l'impératrice, colonel de la première légion de la garde nationale de 1814, dont on trouve le nom honorablement mêlé, lors des deux invasions, aux projets de résistance de la ville de Paris. Nommé pair pendant les Cent-Jours, exclu à la deuxième restauration, M. le duc de Praslin ne fut rappelé qu'en 1819 par M. Decazes. Il est mort le 29 juin 1841.

La terre de Praslin avait été érigée en duché-pairie dans l'année 1762.

Le duc de Praslin a un frère, le comte Edgar de Praslin, né en 1806, lequel a épousé mademoiselle Schickler, et trois sœurs, mariées aux héritiers des grands noms de l'ancienne monarchie.

Dans les premières années du règne de Napoléon, le colonel Sébastiani, aujourd'hui maréchal, rencontra dans le monde mademoiselle de Coigny à qui il fit la cour. Bientôt il obtint de l'empereur qu'une grande partie de son patrimoine fût rendue à cette héritière des Coigny, qui consentit à l'épouser. Cet demoiselle lui apporta ainsi en dot une fortune considérable, principalement en bois, situés dans le département de la Manche. Madame Sébastiani étant morte depuis longtemps, le duc de Praslin avait été mis en possession de cette fortune en épousant mademoiselle Sébastiani. Il avait, de son côté, une fortune au moins égale; mais il s'était considérablement obéré par une mauvaise gestion.

Le marquis de Praslin, frère du duc, avait épousé mademoiselle Schickler, fille d'un baron prussien, mort en 1845, et qui était célèbre à Paris par son immense fortune et par l'éclat de son luxe. Plusieurs de ses sœurs sont mariées : l'une à M. le marquis de Clavières, fils d'un pair de Charles X; une autre à M. le comte Biarn, chargé d'affaires en Hanovre, dont la fille a épousé le prince Albert de Broglie (fils de l'ambassadeur actuel en Angleterre). Il serait trop long de citer toutes les grandes familles du faubourg Saint-Germain auxquelles le duc de Praslin était allié.

Le duc de Praslin avait été député de Melun de 1837 à 1842, et non réélu aux élections générales de cette dernière année,

Lorsque M. de Coigny, son oncle par alliance, après s'être rallié, fut nommé chevalier d'honneur de madame la duchesse d'Orléans, il le fit nommer à son tour chevalier d'honneur-adjoint de cette princesse.

M. le duc de Praslin était pair de France depuis le 6 avril 1845. Il faisait partie de la promotion à laquelle appartiennent MM. le vice-amiral Grivel, général, baron Marbot et Pèdre-Lacaze.

Le rapporteur de la commission chargée de vérifier ses titres, M. le comte de Murat, proposa son admission en ces termes :

« M. le duc de Choiseul-Praslin (Charles-Laure-Hugues-Théobald), élevé à la dignité de pair de France par ordonnance royale du 6 avril 1845, justifie par la production de son acte de naissance qu'il est né à Paris le 10 messidor an XIII (29 juin 1805). M. le duc de Choiseul-Praslin établit également, par un certificat de M. le sous-secrétaire d'État au département de l'intérieur, qu'il a été membre du conseil général du département de Seine-et-Marne pendant plus de six années consécutives, et qu'il paye plus de 3,000 francs de contributions depuis plus de trois ans. »

La commission ayant ainsi vérifié que le duc de Choiseul-Praslin remplissait la condition prescrite par le paragraphe 21 de la loi du 29 décembre 1831, proposa de déclarer ses titres vérifiés, et l'admission fut prononcée.

Le père de M. le duc de Choiseul-Praslin avait été en 1821, sous le ministère Decazes, appelé à la Chambre des pairs, où il siégea jusqu'à sa mort, arrivée le 29 juin 1841.

Déjà depuis longtemps des mésintelligences intérieures, résultant soit du caractère altier et ombrageux de la duchesse, soit de l'inconduite de son mari, avaient éclaté dans le noble ménage, lorsqu'en 1845 le duc de Praslin prit du goût pour mademoiselle L...; à cette époque, un voyage qu'il fit en Corse avec ses enfants, qu'accompagnait mademoiselle Deluzy, donna lieu à des bruits étranges et qui furent alors démentis.

La passion présumée du duc de Praslin pour mademoiselle L..., causa un profond chagrin à la duchesse; et il faillit y avoir une rupture éclatante entre elle et son mari. L'intervention des amis de la maison détermina un raccommodement qui ne mit malheureusement pas un terme aux relations qui existaient entre le duc et celle qu'on supposait être sa maîtresse.

Madame la duchesse de Praslin, dont la fin déplorable a jeté dans tous les esprits une sorte d'épouvante, est née à Constantinople, pendant l'ambassade de M. le maréchal Sébastiani, à l'époque où, par son énergie, il releva le courage du sultan et lui suggéra des mesures défensives qui contraignirent la flotte anglaise à quitter les Dardanelles.

M. le comte Sébastiani eut la douleur de

voir, au milieu de tant de préoccupations qui l'assiégeaient, madame la comtesse Sébastiani, sa femme, succomber de suites de couches, après avoir donné le jour à la malheureuse enfant qui devait finir d'une manière si tragique. Il n'était pas possible à M. le comte Sébastiani de garder auprès de lui l'enfant qui lui était doublement chère, et il dut se résigner à la faire partir pour la France.

Il était impossible de lui faire suivre la voie de mer, et elle ne pouvait traverser non plus le territoire russe, la France étant alors en guerre avec la Russie. Il fallut donc que cette enfant parcourût une grande étendue de pays, accompagnée d'une nourrice et escortée de quelques serviteurs.

C'est ainsi qu'elle arriva en France après de grands détours, en même temps que les cendres de sa mère étaient transportées en Corse, où elles furent déposées et se trouvent encore à Olmeta, résidence de M. le maréchal Sébastiani. C'est là que, selon toute vraisemblance, seront pareillement déposés les restes de madame la duchesse de Praslin.

A l'époque de son mariage, mademoiselle Sébastiani avait dix-huit ans; elle apportait en mariage, du chef de sa mère, plus de 100,000 fr. de rente. Un héritage fait depuis, d'une de ses tantes, avait élevé sa fortune personnelle à près de 200,000 fr. de rente. M. de Praslin, de son côté, en avait environ autant. Ils avaient encore à attendre toute la fortune du maréchal Sébastiani, du général Tiburce Sébastiani, leur oncle, qui n'a pas d'enfants, et leur part dans l'héritage de la duchesse douairière de Praslin.

La main de cette jeune fille avait été promise au duc de Fitz-James ; mais une discussion d'intérêts empêcha de conclure cette union qui eût été parfaitement assortie sous tous les rapports.

En 1844, madame de Praslin avait fait un testament olographe, qui a été déposé, en juin 1846, chez Me Cahouet, notaire.

Ce qu'il y a de remarquable, c'est que les dispositions de son testament sont très libérales en faveur de M. de Praslin. Il contient quelques recommandations au sujet de mademoiselle Deluzy.

Ce testament a été remis entre les mains de M. le président du tribunal de la Seine.

On vient de voir quel était à peu près l'intérieur de la maison de Praslin.

Nous allons maintenant retracer sommairement quelques-unes des circonstances qui se rattachent au crime du duc et sur lesquelles nous reviendrons bientôt avec plus de détails ; c'est un récit incomplet que nous offrons d'abord ; nous les reproduisons d'après les journaux, mal éclairés encore par des indices insuffisants. Nous donnerons ensuite le récit authentique dans lequel se retrouvera nécessairement une partie de ce que nous allons rapporter. Nous donnons cet avertissement au lecteur, pour qu'il ne nous accuse pas d'être tombé dans des répétitions involontaires. Dans ce prélude, l'instruction judiciaire n'a pas encore produit tous ses résultats; on ne sait, en quelque sorte, que ce qui, par l'effet des indiscrétions, est arrivé à la curiosité publique, mais point de lumières positives, tout se borne encore à des présomptions. Nous recueillons en premier lieu ce qui a transpiré dans la rumeur publique, c'est une variante anticipée de l'historique véritable, tel que le donnera l'investigation judiciaire.

Le 17 août au soir, les deux époux qui venaient de passer quelque temps à leur terre du département de Seine-et-Marne, arrivèrent à Paris par le chemin de fer d'Orléans; la duchesse, fatiguée du voyage, par une chaleur caniculaire, se rendit sur-le-champ à son hôtel (hôtel Sébastiani), et elle se mit au lit de bonne heure, en vue de se préparer à la fatigue du lendemain; car elle devait repartir le 18 au soir pour les bains de mer de Dieppe, avec le duc de Praslin. Plusieurs domestiques étaient déjà partis pour faire préparer les appartements.

Sa femme de chambre, une gouvernante des enfants et deux domestiques mâles étaient dans l'étage supérieur. Le duc de Praslin occupait un appartement assez rapproché de l'appartement du rez-de-chaussée occupé par madame la duchesse.

Le concierge remarqua que, dès 11 heures du soir, toutes les lumières étaient éteintes et qu'un calme profond régnait dans l'hôtel. Il se coucha vers minuit, et ce ne fut qu'entre 4 et 5 heures, au grand jour, qu'il entendit les cris de la femme de chambre; il accourut quelques instants après, tout effrayé par la violence des cris qu'il avait entendus.

La femme de chambre avait été réveillée, vers quatre heures, par de violents coups de la sonnette d'appel. Elle sortit précipitamment de sa chambre et se rendit en toute hâte à la porte de sa maîtresse. Elle ne put ouvrir cette porte. Ses inquiétudes redoublèrent, car la duchesse n'avait pas l'habitude de fermer la porte sur elle pendant la nuit. Elle s'arrêta quelque temps et prêta l'oreille : elle entendit quelques gémissements, elle appela au secours.

Les autres domestiques accoururent, et, en réunissant leurs efforts, ils renversèrent la porte en dedans. Ils virent la duchesse gisant sur le parquet, dans des flots de sang. Au côté gauche de la gorge était une blessure d'une largeur de trois doigts ; deux autres blessures avaient pénétré profondément dans la poitrine ; une quatrième avait séparé entièrement le petit doigt de la main droite. Un instrument à lame large et à double tranchant aura pu faire ces différentes blessures.

M. le duc de Praslin accourut après que les domestiques furent entrés dans la chambre et se jeta avec une apparence de convulsion sur le corps presque inanimé de sa malheureuse épouse ; elle poussait par intervalle quelques faibles gémissements, mais elle était sans connaissance.

MM. le baron Pasquier, premier chirurgien du roi, Orfila, Bois-de-Loury et Tardieu furent appelés à l'hôtel ; ils s'empressèrent de prodiguer des secours à la victime, qui expira au bout de deux heures sans avoir pu prononcer une parole.

D'un autre côté, tous les meubles qui étaient dans la chambre à coucher étaient à leur place ordinaire. Quelques objets d'art, des porcelaines jonchaient le parquet, et un guéridon avait été renversé. On voyait aux parois du mur les traces d'une main sanglante ainsi qu'au cordon de la sonnette, dont le tintement redoublé avait réveillé la femme de chambre. On a vu par là que la victime, surprise dans son sommeil, avait opposé une vive résistance. Les doigts de la main gauche de la duchesse étaient crispés et retenaient quelques cheveux du meurtrier, arrachés dans la lutte.

Dès ce moment, la vigilance des magistrats dut se porter sur les domestiques de la maison, qui fut cernée, et tous furent interrogés et retenus dans des pièces séparées. M. le duc de Praslin fut à son tour interrogé et également gardé à vue par deux agents de police, sans pouvoir communiquer avec personne. On saisit plusieurs instruments tranchants et tous ses vêtements, auxquels on remarqua d'épaisses gouttes de sang. Pendant ce temps, un juge d'instruction et le chef de la police de sûreté se rendirent dans une pension de demoiselles, située au Marais, et dans laquelle habite une institutrice qui a donné, pendant plusieurs années, des leçons aux enfants de la duchesse, mais qui avait été expulsée récemment de cette famille par madame la duchesse même. On l'accusait d'avoir des relations intimes avec M. le duc de Praslin, mari de la victime.

La présence de cette jeune personne aurait même donné lieu, assure-t-on, à quelques querelles dans le ménage. Cette ancienne institutrice reçoit une pension de la famille de Praslin. On a saisi tous les papiers trouvés à son domicile.

La justice continuait, à l'hôtel Sébastiani, ses investigations; M. le procureur-général Delangle, M. le procureur du roi, deux juges d'instruction et deux greffiers faisaient les recherches les plus minutieuses. M. le préfet de police lui-même s'était rendu sur le théâtre du crime, où il déployait la plus grande activité. Le duc de Praslin était gardé à vue dans sa chambre par M. Allard, chef de la police de sûreté, et deux agents choisis par lui. Le duc, qui avait paru d'abord en proie à une agitation fébrile, tomba tout à coup dans un état de prostration et d'abattement tel, qu'on dut appeler un médecin. Il refusa tout aliment, et les magistrats qui tentèrent de l'interroger, n'en purent obtenir que quelques mots sans suite.

La justice, dès sa première apparition sur le théâtre du crime, avait constaté, ainsi que nous l'avons dit, que l'appartement occupé par le duc et la duchesse de Praslin était situé au rez-de-chaussée. D'une antichambre donnant sur le perron, on communiquait par la gauche au boudoir et à la chambre à coucher de la duchesse; à droite, une petite pièce, servant de salon d'attente, précédait la chambre à coucher du duc, qui est adossée aux murs de l'Élisée-Bourbon.

On constata qu'une trace sanglante marquait le trajet de la chambre à coucher de la duchesse à celle de son mari. La déposition d'un domestique sur ce point était des plus graves. Il disait qu'aux premiers cris de la femme de chambre, qui accourut le matin de l'assassinat aux tintements réitérés de la sonnette d'appel, il avait fait le tour de l'hôtel, n'ayant pu ouvrir la porte de la chambre, pour tenter d'y arriver par une escalade des fenêtres ou par le perron; et qu'il avait aperçu, au moment où il entrait dans le jardin, un homme ayant la taille et l'extérieur du duc; il a cru remarquer qu'il était nu tête. Le duc ou l'homme qu'il a vu à l'une des fenêtres de la chambre de la duchesse, laquelle il venait d'ouvrir, s'est écarté par un mouvement de brusque surprise en entendant les pas du domestique. L'individu voulait sans doute par là détourner l'attention du témoin, et lui faire croire que le meurtrier avait dû pénétrer chez la duchesse par cette fenêtre.

Nous avons dit l'aspect de l'appartement de la duchesse lorsque les magistrats s'y transportèrent. Sur les murs, couverts de tentures de soie tachées de sang, on voyait empreinte la crispation des doigts de la malheureuse duchesse se débattant dans sa lutte contre son bourreau. Elle était étendue sur le parquet, couverte de sang, les mains déchirées par le couteau dont elle n'avait pu parer les coups.

Dans la chambre de la duchesse, on trouva parmi beaucoup d'objets jetés sur le parquet en désordre, un pistolet, lequel était chargé à balle et amorcé de sa capsule. Ce pistolet fut reconnu par le duc; il s'en servait habituellement. Il était non-seulement souillé du sang dans lequel il était tombé, mais il avait à la crosse des fragments de chair. On a retrouvé sur le visage et la tête de la victime la trace de coups où se voyaient l'empreinte des moulures de cette partie du pistolet.

Dans la chambre du duc, on trouva plusieurs objets qui sont de nature à aggraver les nombreuses charges qui existaient contre lui. On parle de papiers et d'objets brûlés. Malgré les expériences faites sur les cendres fraîches par les plus habiles chimistes, on n'a pu découvrir la nature des papiers et des objets ainsi détruits.

Le duc a tenté d'expliquer le sang dont étaient couverts ses vêtements, par leur contact avec le corps de son épouse, qu'il avait étreint dans ses bras aux premiers cris de la femme de chambre. Il est également confirmé que les cheveux trouvés entre les doigts crispés de la duchesse et dans la marre de sang où gisait son corps, étaient précisément de la même couleur et de la même longueur que ceux de son mari.

On parla d'une robe de chambre d'été qui, la veille du crime, était sur une chaise, et qui avait disparu. Le duc ne put expliquer la disparition de ce vêtement ; on présume qu'il le portait au moment de la perpétration du crime.

On constata que le duc, en sortant de la chambre de la duchesse, vers quatre heures et demie du matin, avait dû se mettre au lit, bien qu'il se soit trouvé complétement vêtu lorsqu'on l'a vu accourir près de la victime, aux cris de la femme de chambre. Son lit était défait et en désordre, mais sans la moindre tache de sang.

Le duc ne put expliquer comment il s'était fait les égratignures qu'on remarquait à sa main droite, ainsi qu'une forte contusion à la jambe. Interrogé sur ce point, il sembla ne pas comprendre les questions des magistrats. Il ne put expliquer non plus la découverte faite, dans la cheminée de sa chambre à coucher, des restes de papiers, de linges et de foulards qui

avaient été brûlés après l'assassinat ; et il en fut
de même d'un peu d'eau teinte de sang, trouvée
dans une cuvette.

On apprit bientôt que, par suite des rapports
de son mari avec mademoiselle Deluzy, ex-in-
s itutrice de ses enfants, l'infortunée duchesse
avait résolu de poursuivre sa séparation de
corps ; qu'alors le duc, cédant à de sages con-
seils, avait consenti au renvoi de mademoiselle
Deluzy. Madame la duchesse, reconnaissante
de cette concession, aurait constitué une pension viagère à l'ancienne institutrice. Il paraît
toutefois que M. de Praslin aurait été vivement
blessé des susceptibilités de sa femme, à laquelle il attribuait la divulgation de leurs dis-
cussions intérieures.

Le roi, la reine, et surtout madame Adélaïde,
avaient une affection particulière pour madame
la duchesse de Praslin. Le duc, qui avait été l'a-
mi intime du duc d'Orléans, avait des rapports
d'intimité avec le duc de Nemours, qui l'invitait à
toutes ses parties de chasse. On croyait le duc
et la duchesse réconciliés depuis le départ de
mademoiselle Deluzy, qui exerçait, dit-on, une
influence fâcheuse sur le duc.

Cependant on cherchait toujours à découvrir
comment le crime avait été commis ; c'est-à-
dire si le meurtrier avait agi avec préméditation,
ou si la victime n'avait été frappée qu'à la suite
d'une querelle. On n'a rien pu apprendre à cet
égard. Cependant, un journal a risqué les con-

jectures suivantes, que rien n'est venu confirmer et que nous croyons même dénuées de tout espèce de fondement. Voici comment s'exprime ce journal :

« On crut bientôt avoir la certitude que le duc était entré dans la chambre de sa femme, non en se précipitant violemment sur elle un poignard à la main, ou en tâchant d'arriver sans bruit à son lit pour l'y surprendre par un coup de cet instrument ; mais en s'approchant d'elle sans aucun mystère. Loin de l'effrayer, il aurait cherché à ranimer sa tendresse, et ce serait dans un moment où elle se serait livrée à lui avec une entière confiance, que, par un brusque mouvement, il aurait tâché de lui passer un lacet par dessus la tête autour du cou pour l'étrangler. Il voulait la pendre ensuite, et faire croire à un suicide.

» Le lacet n'ayant pas été assez lestement et habilement dirigé, la duchesse aurait pu le repousser : c'est alors que le duc, voyant que cette tentative n'avait pas réussi et qu'elle le perdait, aurait eu recours, dans un délire furieux, aux autres armes dont il s'était pourvu ; une trace de sang a été constatée autour de la chambre. La duchesse, dans une lutte longue et trop inégale, tantôt fuyait devant l'assassin, qui, alors, la frappait par derrière, tantôt se sentant atteinte, lui faisait face, renversait les meubles pour les placer entre eux, tandis que les coups de poignard lui perçaient les bras, la gorge, la poitrine. »

Ce qui paraît le plus vraisemblable , c'est qu'une lutte violente se serait engagée dans l'obscurité la plus complète ; c'est ce qui explique, d'une part, le grand nombre des blessures et contusions reçues par la duchesse; contusions et blessures dont aucune n'eût été mortelle sans la perte de sang; d'autre part, les coups, coupures, égratignures, écorchures, observées sur les différentes parties du corps de l'assassin. La catastrophe a-t-elle commencé par une violente querelle qui aurait tourné au tragique? c'est ce que personne ne saura jamais.

Le plan que nous donnons de l'appartement occupé à l'hôtel Sébastiani par le duc et la duchesse de Praslin, et les détails qui s'y rattachent pourront donner une idée de la lutte qui a eu lieu entre la malheureuse duchesse et son meurtrier.

Le premier soin des commissaires fut de faire enlever le corps et de la placer sur un matelas qui fut bientôt imprégné de sang.

Chambre à coucher (C). Cette chambre offrait un spectacle horrible. Le sang ruisselait dans toutes ses parties. C'est là, sous un canapé, que fut trouvé un pistolet chargé et amorcé, ayant du sang sur le canon et la baguette, et quelques cheveux fixés sur la crosse. Le duc de Praslin reconnut cette arme comme l'ayant apportée au secours de sa femme, lorsqu'il avait entendu crier : *A l'assassin ! au voleur !* il dit qu'il l'avait laissée à terre.

La causeuse sur laquelle le cadavre a été trouvé était traversé par le sang. La housse en étoffe perse qui la recouvrait n'était plus que d'une seule nuance, celle du sang vif qui l'imprégnait. Des cheveux adhéraient à cette housse ensanglantée et se mêlaient aux caillots desséchés. La chemise et le bonnet de nuit que portait la malheureuse duchesse étaient teints de sang.

Le lit était complétement défait. Le traversin portait une large trace de sang. Les rideaux de mousseline brodée qui l'entouraient étaient souillés de sang, non-seulement au niveau de la draperie qui tombait à droite de la tête du lit; l'oreiller était, dans toute sa largeur, couvert de taches de sang étendues et colorées.

L'un des deux cordons de sonnette placés dans la ruelle du lit était brisé. C'est sans doute en le tirant avec force aux premiers coups de l'assassin que la duchesse l'aura brisé. Mais il n'avait point été enlevé par le duc, comme on l'a dit. Ce cordon était taché de sang à trois endroits.

Le bord du marbre de la cheminée offrait d'une part une couche de sang étendu en nappe, et semblant provenir du contact d'une main ensanglantée, et, d'une autre part, d'une foule de petites taches produites par le sang qui avait jailli.

L'un des candélabres, revêtu d'un étui en percaline, le globe de la pendule, la glace de cette cheminée, présentaient des taches ponctuées et disséminées, formées par du sang qui aurait jailli en certains points jusqu'à une hauteur de 2 mètres et demi. Le cordon de sonnette à droite, terminé par un gros gland en soie, était souillé de sang. Il avait été saisi par une main sanglante. Le marbre du secrétaire était taché. Il en était de même des enveloppes de vases, du tapis, des chaises, d'une pantoufle, d'un couteau placé la veille sur la cheminée, avec du pain qui restait du souper de la duchesse.

Boudoir. Le montant de la porte communiquant à la chambre à coucher, la porte elle-même, le panneau qui la sépare de la fenêtre, et qui se trouvait à une certaine distance en arrière de la causeuse, étaient maculés de sang. On a trouvé près de la porte des touffes de cheveux coupés et arrachés.

Cabinet de toilette. C'est par une porte de ce cabinet que l'appartement du duc communiquait, par une autre porte, avec la chambre à coucher de la duchesse. Cette porte, qui fut trouvée ouverte par le domestique accouru aux premiers cris de la femme de chambre, lui donna quelque soupçon que sa maîtresse avait été assassinée par le duc.

Guéridon (O). C'est dans ce cabinet et vers

ce guéridon en bois de rose que fut trouvée la veilleuse que la duchesse avait l'habitude de faire placer pendant la nuit sur la cheminée de sa chambre; on assure que la femme de chambre avait placé la veilleuse en cet endroit au moment du coucher de sa maîtresse. Le guéridon était renversé et comme moucheté par une infinités de petites taches de sang. La veilleuse elle-même était couverte de sang, et près d'elle, à terre, se trouvait une mèche de cheveux paraissant appartenir à la victime.

C'est de la cour qu'on a vu la fumée sortir d'une cheminée de sa chambre à coucher, au moment où il brûlait des linges et des papiers, croyant ainsi détruire toutes les preuves de son crime.

C'est alors que le duc fut catégoriquement interrogé. Il s'offensa d'abord qu'on osât lui faire des questions.

Ses mains étaient gantées; on lui fit ôter ses gants, l'on vit sur sa main gauche une profonde égratignure : le pouce de cette main avait été violemment mordu. On le fit déshabiller, on lui vit aux cuisses des contusions qui ressemblaient à la pression d'une main énergique; aux jambes, il y avait aussi des marques qui pouvaient provenir du choc contre quelques meubles.

Le lendemain du crime, en examinant les lieux, on remarqua qu'un bouton qui servait à ouvrir à l'intérieur la porte de communica-

tion placée dans l'alcôve avait été dévissé ;
c'est vers cette porte que s'était portée tout
d'abord l'infortunée duchesse.

Les instruments du crime sont donc le pistolet, le couteau-poignard et le lacet. Le pistolet, dont les coups répétés sur le crâne ont
donné la mort, et le lacet qui était un en-cas,
ont été trouvés.

Quant au couteau, il avait été découvert dès
le lendemain de l'assassinat dans un secrétaire
du duc. La lame en avait été lavée, et des traces de sang existaient encore près et sur le
manche.

Après avoir examiné avec soin l'état de la
chambre à coucher où s'est accompli le crime,
M. le procureur-général ordonna l'autopsie de
la victime. En conséquence, MM. le baron
Pasquier, premier chirurgien du roi, Tardieu,
Canuet, Simon et Boys de Loury, docteurs de
la Faculté de médecine de Paris, après avoir
prêté le serment voulu par la loi, procédèrent
à cette opération en présence de M. Boucly,
procureur du roi du département de la Seine.

A partir de la poitrine, les parties inférieures
du corps, en avant, en arrière et jusqu'aux
pieds, étaient souillées par une couche de sang
desséché. On a constaté des blessures nombreuses dans les différentes régions du corps ;
savoir :

Onze à la tête, parmi lesquelles cinq pro-
fondes et étendues. Les lésions du crâne indi-

quent que les quatre premières résultent de coups assénés avec une extrême violence et à l'aide d'un instrument très tranchant. La direction des lambeaux de ces plaies prouve qu'elles ont été faites de haut en bas, quand le corps était renversé et la face inclinée en avant. Ce sont les premiers coups qui ont été portés par le meurtrier lorsqu'il a surpris sa victime dans le sommeil.

Malgré les charges terribles qui s'élevaient contre lui, le duc n'était cependant pas arrêté, la Charte ne permettant pas qu'un pair puisse être arrêté en aucun cas autrement que sur l'ordre de la Chambre. Or, la Chambre étant dissoute ne pouvait délibérer. Mais pendant que l'on continuait à garder à vue ce grand coupable, on expédiait une estafette à Eu, où se trouvait le roi. En même temps on faisait courir sur les traces du maréchal Sébastiani, parti peu de jours auparavant pour la Corse, voyage qu'il n'avait voulu entreprendre qu'après s'être assuré que sa fille bien-aimée était bien réellement réconciliée avec son mari.

Quant à mademoiselle Deluzy, arrêtée comme prévenue de complicité, elle avait été écrouée à la Conciergerie.

Le 20 août arrivèrent d'Eu à Paris les deux ordonnances suivantes qui furent publiées sur-le-champ.

NOTICE HISTORIQUE

SUR LA

FAMILLE PRASLIN.

NOTICE HISTORIQUE

SUR

LA FAMILLE PRASLIN,

esquisse sommaire des faits qui se rattachent à l'affreux attentat

qui a terminé les jours de la duchesse.

PARIS,

A LA LIBRAIRIE POPULAIRE

DES VILLES ET DES CAMPAGNES,

Rue des Maçons-Sorbonne, 17.

—

1847.

Imprimerie de Cosson, rue du Four-Saint-Germain, 47.